© 2021, Marie Borie
Édition : BoD – Books on Demand,
12/14 rond-point des Champs-Élysées, 75008 Paris
Impression : BoD - Books on Demand, Norderstedt, Allemagne
ISBN : 9782322400478
Dépôt légal : Décembre 2021

À ma famille,
À mes amies et amis
et à tous ceux et celles qui ont croisé
nos chemins épineux et lewystiques !

Première partie

PLONGÉE EN TERRE INCONNUE

2010 - 2016

Il était déjà là... ce samedi 9 octobre 2010, il était déjà là. Papa ne m'a rien dit. Il n'a semé aucun indice, fait aucun signe. Et il est parti avec son lourd secret, trop lourd sûrement pour les épaules fatiguées d'un monsieur de bientôt 88 ans. Ce jour là, je suis entrée de "plein" pied, sans filet ni protection dans la vie de Lewy, sans avertissement et sans mode d'emploi. Un plongeon dans l'inconnu, sans savoir où je m'aventurais, sans arme..

Pourtant, en réfléchissant, auparavant il y avait eu quelques alertes, des oublis : une table dressée pour quatre au lieu de deux, des objets déplacés, égarés, des rendez-vous mal notés... "des petites bêtises", comme disait maman, qui contrariaient papa. Loin d'être considérés comme des "symptômes", ces signaux ont été négligés, traités comme un rhume qui va passer... "*On le soigne il dure huit jours, on ne le soigne pas, il dure une semaine* ".

Ces "dérives" avaient malgré tout conduit mes parents à consulter un spécialiste. Le rendez-vous chez la neurologue n'avait rien diagnostiqué d'alarmant. Juste quelques neurones à réveiller. À 80 ans, rien d'étonnant qu'ils soient fatigués ces neurones ! Ils vont vite comprendre qu'ils doivent encore s'agiter avec un petit médicament miracle... un booster de mémoire, une potion presque magique. Et ça va mieux... En ce mois de juillet 2010, tout semble reprendre sa place... en apparence car assorti de beaucoup d'efforts de concentration de la part de maman et de correction de la part de papa. Donc "ça va mieux" ! Chacun voudrait tant revenir au temps d'avant ! Sauf que maman s'obstine à dire que sa maison à deux étages en comprend deux de plus et qu'elle dort, elle, tout en haut sous le grenier... qui en réalité n'existe pas. Postée devant la maison, elle persiste à raconter que cette fenêtre à laquelle j'agite son oreiller n'est pas celle de sa chambre. Non, non, ce n'est pas là, c'est bien deux étages plus haut... à la surprise générale.

Nous nous rassurons en affirmant que le traitement n'a pas encore produit tous ses effets...

Oui, oui, c'est sûr !

Il nous faut être patients.

On va bien réussir à les détruire ces deux étages, sans bruit ni poussière.

Et papa, en patriarche, était rassurant. Il ne voulait pas nous inquiéter, pas avouer que ça lui arrivait à lui, qu'il sentait que sa femme perdait sa raison, que les choses allaient sûrement se compliquer et qu'après avoir travaillé toute sa vie, il n'allait pas pouvoir continuer à goûter à une retraite calme et paisible. Lewy était caché quelque part en embuscade et après de sournoises répétitions, il allait entrer en scène. Il a dû ligoter le brigadier pour l'empêcher de frapper les trois coups, levé le rideau et commencé sa pièce qui ne comprendrait pas d'entracte. Merci l'artiste !

Il a fallu absorber le choc du départ brutal de papa. La veille, il avait tout nettoyé, taillé la haie au cordeau, tondu la pelouse, domestiqué les rosiers et commenté l'actualité avec les voisins qui passaient. Il faisait si beau en ce début d'octobre que la voiture bien rangée dans le garage avait encore ses fenêtres ouvertes. On était bien dans la vie, avec la même insouciance à 80 ans qu'à 20 ans.

Le glas a sonné à 6h45... un samedi matin, où nous hésitions encore à accepter l'invitation de mes parents à venir déjeuner en famille le lendemain... mais la Parque avait terminé l'ouvrage de papa et décidé que nous allions devoir nous plier à ce "rituel" dès le samedi... C'est comme ça, "*c'est moi qui décide*" a-t'elle affirmé ! Ça ne se discute pas !

Maman, en apparence, a compris ce qui se passait, même si elle était abasourdie. Elle m'a appelée. Depuis je déteste les appels trop matinaux. Il a fallu prendre le relai, se laver et s'habiller comme on peut, juste par obligation, par automatisme, et puis partir pour agir. La rassurer d'abord... nous sommes là et nous partageons sa peine. Comment ne pas pleurer ce père avec lequel j'étais si fusionnelle ! Les murs de la maison résonnaient encore des bruits de nos discussions passionnées, imposant trop souvent le silence aux autres. Ni l'un, ni l'autre ne voulions céder... du même bois ces deux là. Lui toujours patriarche et moi toujours rebelle. Ce jour là, il m'a cloué le bec... et je suis obligée de m'incliner. Ce n'est pas compliqué, je suis déjà à terre. Le choc est trop violent. Je sens mon corps se tendre et se tordre. Une douleur se propage tout le long de ma jambe gauche... et je pleure.

Il a fallu prévenir les proches, toujours en état de choc, toujours en lévitation, comme en apnée. Impossible d'appuyer sur pause. Je m'arrête, je m'effondre. Ce n'est pas bon ça, pour personne. Mon mari veille, il me porte, me supporte, m'entoure. D'abord, je vais voir mes beaux-parents, les complices de 40 ans. Les compagnons de tous les anniversaires, quand nous rassemblions la famille autour de bougies, plus nombreuses chaque année... (On aurait dû se méfier. les cheveux blanchissaient pour les uns, se raréfiaient pour les autres... quelques signes qui sonnaient l'heure et avertissaient que le temps passait). Ils partageaient ces moments avec bonheur, se rassemblant par genre: les deux dames ensembles, les deux messieurs ensembles. Chiffons d'un côté, politique de l'autre ! Chacun les regardait d'un œil amusé et s'attendrissait sur les marques du temps. Leurs discussions devenaient plus bruyantes au fil des ans. Ce jour-là, ma belle-mère était seule, elle a reçu la nouvelle comme un coup de massue. Elle a rejoint son mari pour la lui annoncer. À chacun de ses pas résonnaient ces mots douloureux : "*Louis est mort*", comme si elle avait pu oublier de délivrer l'odieuse information en arrivant sur place. Je n'ai pas assisté à la scène mais je parierais qu'elle a été accueillie par une des phrases rituelles de mon beau-père : "*c'est pas possible !*". Si, c'est possible ! C'est le premier des quatre qui nous lâche, et cela ne présage rien de bon.

Après, on gère sans avoir commencé à digérer l'événement. La famille, les pompes-funèbres, le curé, la paperasserie ; la cérémonie, le texte à lire à l'église en puisant la force on ne sait où ! - Peut-être en refusant de se poser, de se retourner, de comprendre ce qui se passe vraiment et de ne pas s'apitoyer, de glisser, de voler et de rester en lévitation ! Le crématorium, le columbarium et hop ! Entre le samedi et le jeudi, pas vraiment le temps de réaliser. C'est la vie... Pas de mort sans vie. Ben tiens ! Et pendant tout ce temps, maman n'était pas seule, toujours accompagnée par Lewy, bien qu'il ne soit pas encore identifié. On n'entre pas dans un deuil ordinaire avec un tel individu. Dans les yeux secs de maman (elle dit ne plus avoir de larme) j'ai presque l'impression d'apercevoir l'ombre de papa se promener dans la maison ou rester assise sagement sur le canapé, à sa place, au milieu de toute l'agitation. Maman ne semble pas réaliser tout à fait l'ampleur de l'événement. Louis est-il parti ou Louis est-il vraiment décédé ? Au funérarium il paraissait tant seulement dormir qu'elle a cru le voir bouger. "*Mais tu es sûre? On dirait qu'il a remué*" m'a t'elle dit.

Décidément, Lewy se joue de la réalité et impose la sienne. Celle des petits mots que maman écrit et dépose à l'étage à destination de l'ombre de papa : "*où as-tu mis notre album de mariage ? Je ne le retrouve pas*" ou des petits gestes d'attention à son égard, comme laisser son blouson à vue pour qu'il n'ait pas froid en ce milieu d'automne.

Nous sommes désarmés... l'adversaire a eu le temps de préparer ses munitions. Nous avons un large temps de retard. Bien trop de retard.

Chapitre 1

LA RÉVÉLATION

"Comment ça, maman, il y a des enfants qui ont joué dans l'escalier tout l'après-midi !". Elle me dit ça. Des enfants qu'elle ne connaît pas ont joué tout l'après-midi dans l'escalier. Ils ne font pas de bruit mais leurs va-et-vient la fatiguent. Non, elle ne les a pas fait entrer. Ils sont là, c'est tout. Il faut prendre l'information comme elle vient. Maman, si prudente et si suspicieuse, a laissé des enfants entrer chez elle et cela ne l'étonne pas. Elle peut m'assurer qu'il y a un garçon et une fille, qu'elle ne sait pas qui sont leurs parents... mais assure qu'ils n'écoutent pas quand on leur parle. À chaque demande de précision, les réponses laissent sans voix et sont désarmantes. *"Maman, ça ne te ressemble pas, d'ouvrir ta maison comme ça"*. Mais c'est normal, elle ne se ressemble déjà plus.

Il faut alors reprendre d'un début, pas "du" début... celui-ci a été englouti le 9 octobre avec le départ de papa. Il ne m'a pas laissé de consigne, ni de guide à consulter... pas de passage de témoin au bon sens du terme. Je vais donc devoir observer, écouter, noter, tenter de comprendre. Nous allons en conséquence retourner voir la neurologue. Détailler l'observation objective... pas celle que papa et maman avaient exprimée en juillet, propre et sans débordement... surtout sans évoquer ces hallucinations qui ont si mauvaise réputation. Et pourtant ce sont ces enfants, ceux de Lewy sans doute, qui ont éclairé le diagnostic. *"La mauvaise nouvelle est que votre maman est atteinte de la maladie à corps de Lewy, la bonne est qu'à ce stade, on peut ralentir l'évolution et masquer certains symptômes grâce à des patchs transdermiques"*. Symptôme caractéristique : hallucinations de jeunes enfants. On laissera de côté les troubles à venir et à découvrir au fur et à mesure. Pas tout d'un coup ! Il va falloir tenir la distance !

Depuis le départ de papa, maman est seule chez elle. Les voisines lui rendent visite, compatissantes et bienveillantes. Mais certains soirs, elle n'est plus si seule chez elle. À ses dires, sa brique de potage ne va pas suffire à contenter tout le monde. Elle a déjà dressé la table, et mis les chaises autour. Elle se plaint de ne pas arriver à rassasier ses "convives". Alors, bien qu'éloignée de 35 km, je laisse ma famille et cours la rejoindre pour tenter de la raccrocher à la réalité autant que faire se peut. Je la sors de son rêve, lui fais constater que nous sommes seules, elle et moi, chez elle. Angoissée malgré elle, seule face à Lewy, elle a donné corps aux visions qu'il lui a sournoisement suggéré. Face à "ma" réalité, elle est désolée, je le vois bien. Sans le vouloir je la contredis, je ne crois pas ce qu'elle me raconte. Je la confronte. Je la mets en échec. Mais comment faire autrement ? Tout ça a déjà du exister quand papa partageait sa vie. Il m'avait bien appelé un jour pour me dire que maman s'était levée à 5h du matin, s'était lavée, habillée et qu'elle attendait qu'on vienne la chercher, assise sur une chaise dans le séjour. Cela n'était donc pas juste un accident de parcours, et il ne fallait pas seulement un "reset" des neurones. Il avait caché les hallucinations et tout ce qu'il a dû vivre et taire pour ne pas inquiéter. Un patriarche ça gère, et les enfants ne prennent pas la vie de leurs parents en charge.

Alors, maintenant, on fait comment?

Comment a-posteriori ne pas se poser les questions qui fâchent ? Pourquoi je trouvais maman si joyeuse à chacun de nos appels téléphoniques traditionnels du samedi, elle qui d'habitude était plutôt dans la plainte de ne pas assez nous voir ? J'avais partagé, en son temps, cet étonnement avec mon mari. Et si on parlait de ce souci de vision en 2000, de cet œil indiscipliné qui refusait de rester dans l'axe ! Tous les examens ophtalmologiques n'ont pu en donner la raison. Comment ne pas penser que c'est à partir de là que la maladie s'est infiltrée et que Lewy est entré dans sa vie, dans la nôtre. Allez savoir !

"*Depuis le départ de papa, maman est seule chez elle...*". Et elle ne mange plus. Elle est choquée. À quoi se rattacher ? Sa réalité s'effrange. L'hiver est difficile à traverser. Par chance, les patchs agissent. Ils diminuent les symptômes sans toutefois les annihiler. Il nous faut de l'aide. Commencer à alerter. Mes parents ont toujours refusé de faire appel aux autres. On se débrouille seul. Culture beauceronne sans doute, celle de mon papa. Ces grandes terres, ponctuées d'imposantes fermes incitent à l'autarcie. Mais ce n'est pas ma culture, pas la mienne... Moi, j'alerte, je crie au-secours, je fais du bruit, je m'agite, je réclame de l'aide et de l'attention... C'est ce que j'ai fait sans penser au regard des autres mais en cherchant à les impliquer. On est toujours plus fort ensemble et l'ennemi semble coriace.

Chapitre 2

LA DÉRIVE

Maman appelle souvent. Au bout du fil, d'un ton de reproche mal contenu, elle me demande si je suis bien arrivée. J'ai toujours eu pour habitude de la prévenir quand je suis parvenue à bon port pour calmer son anxiété. Perdue, moi aussi après le départ si violent de papa, je dois retrouver des repères et je réagis spontanément, un peu trop peut-être !. Aussi je réponds "fraîchement" que "*oui puisque je ne suis pas venue*".

Sans le vouloir je la déstabilise...

Elle ne comprend plus et réalise soudain que je dis vrai. Je me reprends et lui assure qu'il n'y a rien de grave. Non c'est vrai, pour "une" fois, mais les suivantes... Car elle renouvelle ses appels, voire parfois, pendant notre conversation, elle pose le combiné et me cherche dans la maison en m'appelant, me maudissant de ma mauvaise blague. Elle gémit que ce n'est pas bien, qu'il ne faut pas lui faire ça, à elle. Les parties de cache-cache ne sont plus de son âge. Il est alors difficile de reprendre contact, il faut crier, s'époumoner au bout du fil, attendre qu'elle retrouve son téléphone et accepte enfin de le saisir à nouveau.

Elle a du mal avec ce téléphone. Ses interlocuteurs prennent vie. Elle m'a souvent dit que sa sœur était venue la voir après qu'elles aient papoté une à deux heures à distance. Elle m'assure alors que celle-ci qui habite à trois heures de chez elle, est venue la voir, en vélo... sa petite sœur de presque 80 ans.

Mais tout devient possible.

Comme ce soit-disant cycliste venu lui rapporter le décès d'une autre de ses sœurs. Le stress de cette annonce avait converti le combiné en vélo et donné vie à la voix. La réalité s'illusionne, à l'image des photos posées sur la cheminée qui s'animent. Elle ne reconnaît plus vraiment les portraits de ses petits-enfants et leur sourit pour répondre à leurs airs joviaux. Elle se sent responsable de ces petites bouilles et peste contre les parents qui lui ont confiés sans consigne. Comment les nourrir ? Et pourquoi ne répondent-ils pas à ses sollicitations ? Il en est de même pour la télévision, les émissions un peu chahuteuses se déroulent souvent sur sa terrasse ou devant sa porte. À l'entendre, sa rue a été la plus prisée pour les tournages en tout genre de ces cinq dernières années. Et elle m'assure que je vais moi aussi bientôt pouvoir voir ces reportages. L'écran de sa télévision se déplace derrière les carreaux de sa fenêtre. Tout prend vie sur le pas de sa porte et la fatigue. Elle n'a d'ailleurs plus la notion de taille, grand ou petit n'ont plus d'échelles de mesures. Il lui arrive même de voir quelqu'un derrière le petit cadre qui contient ma photo. "*Oui, il n'est pas grand et alors !*".

Et tout se complique. Elle est devenue spectatrice de sa réalité. Jusqu'aux unes de la revue à laquelle je l'ai abonnée. Chaque mois, maman tentait d'entrer en contact avec le gros plan souriant et sympathique de sa couverture. Devant son mutisme insolant, elle finissait par arracher la page de mécontentement. L'effet d'incompréhension passé, ce comportement n'a plus jamais suscité ni agacement, ni colère de ma part. Et j'ai très vite calmé les réactions un peu vives des premiers temps. Il a fallu accepter ce changement, ne pas chercher à le vaincre mais tenter de l'accompagner. Je la savais de bonne foi, comment aurait-il pu en être autrement ? Les affrontements l'auraient fragilisée davantage. La douceur et l'écoute ont été mes premières armes dans ce combat contre l'invisible. Elles ont fait leurs preuves par la suite. Il a fallu composer avec l'incohérence.

Lewy a gommé le discernement de maman... il a accommodé les interprétations visuelles et l'a entraîné avec lui, sans avoir eu à la convaincre. Il a juste pris possession.

Chapitre 3

L'ACTION

Maman ne conduit pas. Elle a pourtant son permis. Toute jeune mariée, elle l'avait passé en cachette de mon père qui considérait que cet exercice était exclusivement masculin. Elle l'avait eu du premier coup et était très fière de sa performance. Mais, papa, passionné par la conduite n'a jamais voulu partager le volant avec elle. Il assouvissait sa passion pendant leur seul jour de repos de la semaine, écartant toute velléité de maman d'exprimer sa nouvelle compétence. Elle a très vite compris qu'elle ne pourrait pas s'imposer et que la voiture familiale serait le seul véhicule toléré, remisé au garage dont papa détenait la clé. Donc 0 km au compteur. C'est dire l'inexpérience de maman dans le domaine ! À 80 ans, seule, il a donc fallu faire appel à une aide familiale. Le CLIC* du Département nous a écoutées et guidées. Il a été d'un grand soutien et très attentif. Il nous fallait de l'aide. Annette est alors venue pour seulement véhiculer et accompagner maman afin de faire ses courses une fois par semaine. Maman n'était pas vraiment prête à entrer dans ce jeu... Son imaginaire s'est alors agité et Annette était régulièrement assise sur une chaise du séjour, muette et immobile, dès très tôt le matin, bien trop tôt. Il me fallait alors convaincre maman de "secouer" Annette pour qu'elle se rende compte qu'elle n'était pas réelle. Un mauvais coup de Lewy qui devait rire sous cape.

*Centre Local d'Information et de Coordination

Le lien ne s'est pas établi. Et Annette est repartie...

Il a fallu reprendre depuis le début... constater l'amaigrissement de maman (résultat des effets secondaires des patchs transdermiques et manque d'appétit) et trouver une solution, LA solution. L'avis du médecin consulté sur l'état de maman a été un réel électrochoc. À sa préconisation, sans précaution, de placer maman en EHPAD (Établissement d'Hébergement pour Personnes Âgées Dépendantes), j'ai pris le porte-voix pour appeler à l'aide. Il fallait trouver la clé pour entrer dans l'univers de maman. Enfoncer les murs pour se rapprocher d'elle. Et écarter Lewy. Cette clé s'est appelée Sophie, recommandée par le CLIC si précieux. Sophie a accompagné maman à chaque repas rompant sa solitude. La table était partagée. Son investissement a été un pansement efficace sur une réalité blessée. Elle était là, plus que là, présente à chaque passage difficile, à chaque dérive accidentelle, à chaque embuscade de Lewy. À force d'accompagnement, de soutien, petit à petit maman a repris des formes. La ténacité de Sophie agrémentée de compléments alimentaires ont fini par être particulièrement bénéfiques. Les jours sont passés, un peu apaisés. Maman gérait ses patchs seules, malgré une résistance à les accepter, ce qui nous obligeait mon frère et moi à un contrôle régulier et quotidien. À la question rituelle : "*tu as bien mis ton patch ?,*" nous obtenions un "*oui*" agacé de maman. Mais rien n'était sûr. Et nous avons appris à connaître et reconnaître Lewy. Infiltré dans ses neurones, il profitait de chaque imperfection de traitement pour s'exprimer. Trop d'hallucinations : pas de patch, désorientation dans le temps : patch

décollé. Plusieurs jours de manque :
cocktails de symptômes mélangés. Les
clignotants se sont mis au rouge et la
mission de pose de patch a été confiée à
Sophie. Il a fallu convaincre maman de se
"laisser faire". Ne plus être capable de
s'occuper seule de se soigner la dérespon-
sabilisait, et faisait ombrage à ce qu'il lui
restait d'autonomie.

Pour compléter la présence de
Sophie et la préserver, nous avons
rencontré Lili, fervente adepte du "bio",
organisée et efficace.

L'entourage de maman a commencé
à s'étoffer et nous avons découvert ce
monde des auxiliaires de vie, dévouées et
volontaires.

Chapitre 4

L'OBSERVATION

J'appelais maman quotidiennement, pour tenter de contrôler Lewy. Il ne fallait pas baisser la garde et tenter de le maîtriser. Le matin et le soir, j'étais la première personne à donner de la voix à maman et souvent la dernière aussi. Je n'ai jamais su son heure de levée. Je sais seulement que sa première mission, toilette effectuée, était de balayer son trottoir, vieux réflexe de son passé de commerçante : on nettoie devant sa boutique, comme geste de bienvenue. Je lui posais des questions sur la température, sur la luminosité... autant d'indicateurs précieux. Elle a toujours été vaillante et courageuse. Peu de chose la retenait. Prendre le balai un matin d'hiver avant l'aube, ne l'aurait pas découragée. Alors je tentais de savoir... innocemment. À cette époque, j'arrivais encore à la repositionner sur les rails de la vie. Il me fallait argumenter pour obtenir des informations. Mais j'y arrivais... je ne m'y suis jamais épuisée même si parfois il fallait que je fasse preuve d'un peu d'autorité, comme cette fois où il fallut la convaincre qu'il était trop tôt, à 16h30, pour fermer les volets et se coucher. Elle arrivait encore à se rebiffer. Mais elle n'était pas encore assez malade, pour la laisser vivre en mode Lewy. Je faisais de la résistance. Et ce ne fut pas toujours simple... À cette époque, elle croyait que des gens vivaient dans son armoire et que la chambre du premier étage abritait des créateurs et fabricants de bijoux. Maman avait beaucoup de pacotilles, cadeaux des VPC*, qui la sollicitaient régulièrement et auprès desquels elle passait commande. Un trésor à trois sous fait de bagues, bracelets et colliers. Ne les reconnaissant pas, elle s'imaginait un monde qu'elle visualisait et auquel elle donnait vie. Je crois qu'elle n'a jamais douté de son existence. Il en fut de même pour les locataires de l'armoire. Ils ont disparus aujourd'hui au même titre que la réalité.

Vente Par Correspondance

Chapitre 5

L'ORGANISATION

Sophie nous a quitté, au mois d'août 2011. Un autre destin l'attendait. Elle a confié maman à sa sœur, Karine. Sophie était plutôt petite et Karine plutôt grande, Sophie, châtain clair, et Karine, brune, mais aussi présentes et dévouées l'une que l'autre, à la différence que Karine a apporté le soleil avec son rire et sa bonne humeur. Une complicité malicieuse s'est installée entre elle et maman. Le duo Sophie-Lili s'est transformé en Karine-Lili, toutes deux missionnées d'une haute vigilance. Les codes de vie de maman ont changé : patchs ok, auxiliaires de vie ok, appels quotidiens ok, surveillance de l'huile sur le feu OK...

Côté pratique, il a été facile de sécuriser son lieu de vie. Plaques de cuisson halogènes, four électrique, four micro-onde, bouilloire électrique... rien n'apparaissait dangereux. Maman pouvait être autonome. D'ailleurs, elle l'était. Tous les dimanches matins elle allait chercher son journal. Et elle faisait toujours la cuisine. Je prétextais mon manque de temps pour lui commander des barquettes de ratatouilles ou de lentilles à congeler. Je l'obligeais à nous être utile. C'est avec vaillance qu'elle s'exécutait. Je lui assurais que sa production m'était essentielle et la gratifiais d'un "*comment je ferais si tu n'étais pas là ?* ". 2011 à 2014, ont été des années de cultures maraîchères également. Nous allions ensemble à la jardinerie, choisir des pieds de tomates en vue de garnir les assiettes de ces dames de bons fruits comestibles et vierges de tout traitement. Je rapportais des graines de haricots verts que je semais dans un coin de son petit potager afin qu'elle ait le bonheur de les récolter. J'agrémentais ses jardinières de fleurs que nous sélectionnions ensemble. Et maman arrosait... Elle en a usé des arrosoirs! Et quand ils sont devenus trop lourds à porter, ils ont laissé la place avantageusement aux bouteilles d'eau. Elle était organisée : bouteilles sous robinet de cuisine, bouteilles pleines sur bord de fenêtre, récupération des bouteilles pour arrosage. Elle n'a jamais failli à sa tâche et paradoxalement, elle ne s'est jamais trompée. Elle a même planté des pommes de terre, de sa propre initiative. Elle les a surveillées, chouchoutées et... mangées avec une fierté assez mal contenue (applaudissements). Mon mari (et parfois nos fils... rendons à César...) s'occupait de son jardin et de sa haie. Après son passage rapide et efficace, il laissait une pelouse et des thuyas traumatisés par ce changement brutal de jardinier (papa était un expert méticuleux), mais propres et alignés. L'œil de maman retrouvait son environnement maîtrisé comme "*au bon vieux temps*".

Chut.. tout va bien (ou presque répond Lewy). Tous ces petits gestes de la vie, qui rythment le temps, sont rassurants et paraissent immuables. Ils sont comme une musique douce, heureuse, presque joyeuse. Mais Lewy a rejoint notre partition, s'y est installé et a joué de concert avec nous. Sournoisement, il nous a laissé imaginer que tout pouvait continuer sur une note presque juste.

Quelle illusion, de croire que notre vie, alors sereine et discrète, pouvait éloigner la menace !

Chapitre 6

L'AMÉNAGEMENT

La maison de maman était facile à vivre. Quelle bonne idée d'avoir prévue une chambre avec cabinet de toilette en rez-de-chaussée ! Maman s'y est installée tout naturellement. L'escalier pouvait être dangereux. Sophie avait apporté un portant pour accrocher les vêtements du placard du premier et ainsi éviter que maman s'y rende. Sophie (puis Karine), aidait maman à gagner la salle de bain à l'étage pour une douche bienfaisante chaque jeudi matin. Elles allaient ensuite faire les courses ensemble à la grande surface. Le jeudi était une journée bien remplie. Une organisation menée tambour battant qui a fait ses preuves longtemps. Maman se laissait faire, acceptait cette nouvelle organisation. Son absence de résistance devait déstabiliser Lewy. Il a du se résoudre à suivre. Tout cela était trop bruyant et trop rythmé, pour lui qui ne s'exprime vraiment que dans le silence et l'isolement. Maman était trop entourée et guidée, il lui était difficile alors de prendre la main.

Les visites chez la neurologue tous les 6 mois validaient une stabilité de la maladie. Les tests de mémoire étaient plutôt bons, seuls la maudite pendule et les polygones imbriqués faisaient de la résistance. Ils se déformaient un peu plus à chaque visite. Maman n'avait jamais été douée en dessin. Reproduire ces modèles, sous nos yeux, était presque un supplice pour elle. Elle s'appliquait cependant à répondre à la consigne sans y parvenir vraiment. Elle n'a jamais eu conscience de sa défaillance en la matière tant elle était sûre d'avoir réussi son exercice. Soustraire 7 en partant de 99, était devenu une épreuve olympique, à l'image d'un 100 m haies. Sans élan, maman abandonnait au premier échec. Pourquoi se donner en spectacle ? Cet "examen " bi-annuel était une épreuve pour elle qui n'avait jamais passé que son certificat d'étude (avec succès). Elle obtenait cependant un score honorable qui prouvait que maman gardait l'avantage sur Lewy. C'est ce même score qui nous a permis de bénéficier de l'aide de la Mutualité Française deux années de suite. Cet organisme proposait des visites à domicile de professionnels spécialisés dans les troubles Alzheimer et apparentés. Avec efficacité, écoute et patience Christine et François sont donc venus à la maison coacher maman à coup d'exercices de mémoire. Ils ont apporté également un pack du "*mieux vivre à la maison pour désorientation majeure*". C'est ainsi que la cuisine, s'est appelée "cuisine", la chambre "chambre", les toilettes "toilettes" et le garage... "garage". Le tout agrémenté de petits dessins très suggestifs, rassurants pour maman qui petit à petit perdait ses repères. Ils avaient pleins d'idées ces deux là... comme l'agenda quotidien sur lequel on ajoutait les évènements de la vie : "*9 février... Anniversaire de Sébastien, tel. 06.......*". Maman tournait les pages, béquilles pour se repérer dans le temps.

En plus des idées, ils avaient pleins de petits conseils judicieux : barres de soutien, chaussons adaptés... Christine et François savaient qu'au fil du temps, Lewy grignoterait les muscles de maman et qu'il lui serait de plus en plus difficile de se mouvoir, marcher, s'assoir, se lever... et que les chutes se multiplieraient. L'intervention de la Mutualité Française a pris fin lorsque le trouble est devenu plus lourd, que le score de maman ne fut plus quantifiable, et que la grille d'évaluation s'est effondrée. Les horloges, les polygones à dessiner, les mots à répéter, les soustractions sont devenus dérisoires. En conséquence Christine et François ne sont plus revenus. Lewy les avait peut-être pris en grippe. Ça devait le gêner qu'on sollicite les neurones de maman ainsi, presque sportivement,... alors il a redoublé d'efficacité.

En parallèle à nos visites chez la neurologue, nous nous rendions chez l'ophtalmologiste. Toujours le samedi matin. C'était plus simple pour moi et surtout, ensuite... j'emmenais maman déjeuner au restaurant. Elle adorait ça nos rendez-vous entre filles ! Se faire servir, manger des bonnes choses et boire un peu de vin... fut un nouveau rituel qui lui convenait parfaitement. Nous retrouvions des moments de complicité, nous savourions ce moment partagé, cette parenthèse de bonheur rien qu'à nous. Elle, heureuse d'être avec sa "petite" fille, moi, goûtant chaque seconde délectable et précieuse. Et puis tant pis, si maman semblait un peu ailleurs, si elle ne se tenait pas exactement "comme il faut", nous étions ensemble au milieu de la vie. C'était le but, il était atteint. Je n'ai jamais senti de regards réprobateurs, seulement quelques sourires de compassions. Le monde n'est pas si indifférent... lorsque Lewy se sentira trop observé, traqué, menacé, alors, il abdiquera peut-être. On va bien arriver à le neutraliser...

Chapitre 7

L'ACCIDENT NUMÉRO 1

Le téléphone sonne.... Ce matin avant 9 heures, il sonne dans le vide. Pourquoi ne répond-elle pas comme elle le fait chaque matin! Karine était malade. Lili était passée, avait sonné mais sans succès. À cette époque, c'était maman qui ouvrait la porte aux coups de sonnettes de ces dames. Seule mon amie Marianne a les clés mais perdue en pleine campagne guidée par son métier d'infirmière, elle ne capte pas mon appel. Que se passe t-il ? Traumatisée par l'épisode douloureux du 9 octobre, je pense au pire. Comment se contrôler dans ces cas là ? Il ne reste plus qu'à appeler les pompiers. C'est ce que fait Lili. Choquée, sans trop réfléchir, je préviens mon directeur du cas de force majeure, et prends la route pour me rendre chez elle. Rien ne peut alors m'empêcher de le faire. Je n'ai pas de nouvelle... l'angoisse monte. Les kilomètres défilent trop lentement à mon goût et mon pied s'alourdit sur l'accélérateur. J'arrive enfin ! Les pompiers sont dehors, et me rassurent tout de suite par peur de me voir tomber en syncope tellement je tremble. J'explique... "*traumatisée... Père décédé brutalement... téléphone qui ne répond pas...*". Ils comprennent. Ils sont entrés par la fenêtre après l'avoir fracturée, ils ont forcé la porte intérieure que maman avait fermée à clé au cas où "l'hallucination" assise sur le canapé décidait de prendre vie. Ils l'ont trouvée dans le garage, par terre. Elle avait confondu la porte des toilettes et celle du garage. Elle est tombée et est restée là. Quand j'arrive, Karine est là malgré sa maladie. Maman grelotte dans sa couverture, assise dans son fauteuil. Elle aussi est choquée. Mais on va prendre soin d'elle. Je ne vais pas aller travailler. Je vais m'occuper de tout, d'elle, de l'assurance, de faire changer la fenêtre, la porte...

Ces épisodes traumatisants la stimulent toujours et elle est étonnante de lucidité. Peut être que, dans ces moments de stress, Lewy a peur, qu'il se cache et observe pour voir si on ne l'attend pas au tournant. Il cache ses yeux, ses oreilles, ses mots et libère maman. Il est sous pression et semble disparaître. Je ne peux que constater que maman est bien là, qu'elle comprend, répond, échange !

Mais hélas, tout reprend sa place. Les hallucinations réapparaissent. Le gros bonhomme dans le lit, les enfants dans l'escalier, les locataires du premier, la dame de la couverture de magazine, la télé qui prend vie, tout ce qui traduit ses peurs et ses angoisses resurgit. Tout ce qui n'existe pas la trouble plus que la réalité.

Il y a eu ensuite des épisodes plus difficiles, des déménagements de buffets, de vaisselle... qui ont conduits à des consultations médicales d'urgence. Par l'intermédiaire de maman, Lewy a fait l'inventaire de tous les placards de la maison y compris du garage. Le médecin semblait le seul recours pour remettre de l'ordre dans la maison... mais j'avais beau alerter : "Attention, maladie à corps de Lewy... surtout pas de neuroleptiques, je répète... pas de neuroleptiques... " la prescription du médecin était souvent contraire aux symptômes. Oups ! On fera mieux la prochaine fois.

Lewy a dû beaucoup sourire !

Il fallait à nouveau alerter la neurologue, puis à nouveau le médecin, rattraper Karine ou Lili déjà rendue à la pharmacie pour éviter à tout prix que maman ne prenne les médicaments nocifs et pourtant prescrits...

Du coup, Lewy est en colère !

Il revient à la charge; il hallucine. Les hallucinations... maman les exprime. Elle n'a pas peur, mais quand même, tous ces gens... Ils exagèrent. Je combats Lewy en ramenant maman à la réalité. À chaque nouvel épisode, je fais les mêmes préconisations : "*maman, va taper dessus. Tape, vas-y...*" auxquelles elle répond : "*ah non, je ne vais pas oser...*" et puis en bon soldat vaillant, elle s'exécute et frappe. Je l'entends par téléphone interposé. Et à chaque fois, elle fait la même constatation :

"*y'a personne !*" et la même prise de conscience après coup. Maman n'a jamais aimé être prise en défaut. Difficile de ne pas soi-même se reconnaître...

Chapitre 8

LA VIE AVEC LEWY

Chaque semaine, Laurent, mon mari, va chercher maman pour le déjeuner dominical. Il l'a toujours fait de bon cœur. Pourtant, ce n'est pas simple d'être trois sur les deux places avant : lui, maman et Lewy. Il a souvent subi les conversations de maman et de Lewy en même temps. Sans décodeur mais avec patience. Les repas se passaient bien, parfois les enfants étaient là, parfois toute la famille pour les anniversaires. Je la ramenais chez elle en fin de journée, pour que Laurent puisse s'occuper des enfants. Il ne fallait pas qu'ils ratent leur train pour retourner chez eux. La vie tournait comme ça, sans reproche ni commentaire. Toutes les choses ont une fin, on le sait. Alors on profite. Au fil du temps, ses visites à la maison sont devenues plus compliquées. L'incontinence la rattrapait et m'obligeait à plus de vigilance. Son impatience à rentrer était difficile à gérer. Quand elle voulait s'en aller, il ne fallait pas tarder. C'était Lewy qui sonnait l'heure du départ.

Par la suite, c'est nous qui nous déplacions chez elle pour déjeuner. Je cuisinais chez moi et nous partions, famille complète goûter le tout à sa table. Les repas étaient toujours joyeux, presque insouciants. Les derniers rassemblements pour Noël et Pâques m'ont obligée à partir plus tôt, seule, et à préparer le repas chez elle. Cela me permettait de combler les vides des bibelots que nous avions enlevés, de peur qu'ils la blessent ou qu'ils l'impressionnent, et de dresser une table coquette. Laurent et les enfants arrivaient dans une maison vivante, presque comme avant, histoire de clouer le bec à Lewy.

Chapitre 9

LA SOLLICITATION

Lewy se déplace rarement sans Parkinson. Une alliance maléfique difficile à contrarier. Chez elle, elle a du mal à marcher et à se rendre seule aux toilettes. Les accidents sont courants. Quelle patience il a fallu aux auxiliaires de vie pour ne pas craquer !

C'est peut être cette difficulté à bouger qui a fait que l'été 2014, elle a arraché l'herbe de la pelouse, toujours au même endroit et taillé la haie toujours au même niveau, tout cela sans se déplacer. Elle a réussi à faire des sacs d'herbe à jeter, pleins, plusieurs fois par semaine. Tout ça n'est pas grave. La haie et la pelouse ont depuis repoussé. Elle, elle disait qu'elle travaillait beaucoup. Ça lui convenait. De tout temps, elle a toujours beaucoup travaillé. Alors aujourd'hui, de quoi se plaint-on ?

L'hiver est plus compliqué. Que faire ? La télé... Oui bien sûr. Maman adore "un gars, une fille". Elle adooooore ! Elle rit beaucoup. Coche les passages de chaque émission pour ne pas les louper. Ils sont impayables ces deux là... Mais voilà. Chouchou et Loulou ont outrepassé leurs droits et sont venus faire le show... sur le canapé du salon. Sans le son... mais de qui se moque t-on ? Depuis ils ont moins la côte. Ils sont restés trop longtemps sur ce canapé régulièrement occupé par papa et sa maman. Ça ne se fait pas ! Et puis tous ces gens qui la regardent depuis la petite lucarne. C'est très gênant ! Il n'y a plus de

frontière entre la télévision et son fauteuil !
Elle n'a jamais eu peur que les "speakers "
entrent dans son salon, mais elle était
persuadée qu'ils l'a voyaient ! Donc, on ne
leur fait pas la grimace, on ne leur fait pas la
tête et lorsqu'ils demandent si "*vous allez
bien* " … on leur répond ! Question de
bonne éducation ! Non mais !…

Pour l'occuper, il m'est venue l'idée
de la faire tricoter. Sait-elle encore faire ?
Quoi lui commander? En 2013, mon fils
cadet devait passer des vacances au ski.
Quelle aubaine ! Pourquoi ne pas
commander une écharpe ? Top-là et c'est
parti. Elle a choisi la couleur de la laine, ce
sera gris anthracite. Le point ? Un rang à
l'endroit/un rang à l'envers. Facile ! Tu
commences, tu vas tout droit, tu t'arrêtes à
la fin. Simple ! Et bien non, pas si simple…
Elle a réussi à la terminer mais il a fallu
accepter les mailles en moins, celles en plus

et les points fantaisistes. Le plus curieux est qu'elle ne s'en est pas rendue compte. Elle était contente du résultat. Je l'ai félicitée et mon fils cadet l'a remerciée avec tendresse. Elle était ravie. C'est vraiment le principal. Nous avons renouvelé la commande l'année suivante pour mon fils aîné. Même couleur, mêmes points, pas de jaloux. Le résultat a été plus étonnant. Les 10 premiers centimètres étaient parfaits. Elle les trouvait "pas comme il faut". Puis, on s'est orienté vers un col rond, élargi, rétréci... Elle a tout défait, tout refait plusieurs fois. Elle arrivait toujours à 10 cm parfaits, puis s'arrêtait. J'ai terminé l'écharpe. Mon fils aîné l'a félicitée et remercié avec tendresse. Elle ne tricotera plus. Lewy 1 point, maman 0.

Chapitre 10

LE TROUBLE

Chaque fois qu'il est possible, j'emmène maman en promenade, histoire de lui faire partager le tourbillon de la vie avec des vrais gens. Elle aime bien. Nous allons chez le confiseur pour Pâques et Noël, faire les soldes et faire des affaires, des trucs de filles quoi ! On a parfois bien ri, comme cette fois où nous semions derrière nous le vin blanc nouveau que je venais d'acheter et que j'avais trop incliné dans mon panier. On nous suivait à la trace. Classe ! Un jour de courses dans la grande surface que nous fréquentions régulièrement, je la vois sourire à chaque passage devant les miroirs du grand magasin, puis faire des grimaces et se détourner apeurée. Quelque chose la dérange, mais quoi ? Il m'a fallu peu de temps pour comprendre qu'il s'agissait de son reflet. On apprend tout petit à se reconnaître dans le miroir et on perd l'image de soi en prenant de l'âge. C'est impressionnant. Il faut croire qu'on se détricote. En ce qui concerne maman, c'est Lewy qui a tiré le premier fil. Chez elle, elle "reconnaît la voisine" dans son cabinet de toilette. À chaque fois que je lui fais remarquer que c'est son image, elle me gratifie par un "*ben, oui je sais*" en haussant les épaules. Pfff, je suis un peu simple, moi ! Il est alors temps de courber les épaules et d'attendre la suite. Et elle arrive, la suite, assez vite. Un matin d'appel quotidien, maman m'apprend qu'elle a dormi sur le canapé. Comment ? Sur le canapé? Et qu'elle est allée se soulager dans le jardin. Dans le jardin ? Mais pourquoi ? La réponse est désarmante : "*il y a quelqu'un qui se couche tous les soirs dans mon lit...*" Ah ! Nous n'avons pas attendu plus longtemps et le jour même nous sommes venus avec mon mari, ôter tous les miroirs de la maison, et notamment celui qui faisait face à son lit. Maman est alors retournée se coucher dans ses draps. Petite victoire.

Nos sorties suivantes étaient plus ciblées et notre choix, *mon choix*, s'orientait vers des magasins sans trop de miroirs et plutôt de petites tailles. Seule exception pendant les soldes : il faut bien se regarder pour valider le vêtement lauréat parmi ceux sélectionnés... Mais il est difficile de se déshabiller devant le miroir de la cabine d'essayage et d'en sortir pour se regarder dans un autre. Chaque fois qu'elle croisait son regard, elle se saluait. Je n'en ai jamais été gênée, j'expliquais à la vendeuse, c'est tout. On sourit d'un enfant qui le fait, on s'inquiète quand il s'agit d'une personne âgée. C'est alors dans le doute qui s'installe dans les yeux de cette commerçante que la conscience d'un trouble… du trouble… apparaît au grand jour. Elle l'entrevoit, comme dans un miroir sans tain, quelque chose d'impalpable, d'indicible, d'innommable et envisage un reflet d'un possible soi, lointain peut-être, mais imaginable ! Est-ce contagieux ?

Mais ça ne se passe pas comme ca, il n'existe pas d'épidémie, c'est plutôt du domaine de la loterie, de la roulette russe. Touchée, coulée ! Ou pas…

Chapitre 11

L'IDENTITÉ PERDUE

Lewy est souvent surprenant. Il attaque là où on ne s'y attend pas.

Pourquoi est-il venu tracasser maman sur son identité ? Sur sa morale ? Sur sa vie de femme ?

Ça commençait tout bêtement par un appel téléphonique. Le téléphone était devenu un véritable cordon ombilical entre maman et moi mais le sens du débit était inversé. C'était moi désormais qui nourrissait maman.

- *"Est-ce que j'ai été sérieuse ?"*
   me demande t-elle.
- *Pardon ? "Sérieuse"* ?

Ce qui préoccupe maman à ce moment précis, c'est de savoir si elle n'a pas trompé papa. Elle ne doute pas que si cela avait été le cas, c'est bien sûr vers moi, sa fille, qu'elle serait venue se vanter de ses frivolités... du style "*ma fille, j'ai rendez-vous au café du coin avec Alain Delon ou Jean-Paul Belmondo, pour une petite virée en forêt!* ", avec comme consignes : "*bien sûr, tu ne dis rien à ton père et tu gardes le magasin !* " Apparemment Lewy n'a pas connaissance du lien qui nous unit maman et moi. Bon ! Je rassemble mes esprits et lui affirme qu'elle a été exemplaire tout au long de sa vie. Coincée entre la boutique et papa au laboratoire attenant, comment aurait-il pu en être autrement ? Et puis elle était très droite, elle aimait rire, bien sûr, et faire des petites blagues toutes simples, mais rien qui soit grivois, déplacé ou désapprouvé par la morale. Sur ce sujet précis la voilà rassurée. Elle va sûrement pouvoir répondre vertement au gros bonhomme couché dans son lit, mandaté par Lewy et connu seulement de maman, qu'elle n'est pas de celles qui se laisseront faire. Elle n'est pas comme ça et en conséquence exige le respect.

Mais ce n'est pas tout !

- *"Combien j'ai eu d'enfants ? " "est-ce que je n'en ai pas oublié ? "*

Lewy est donc aussi passé par là ! Il cherche à brouiller les pistes de son "moi" intérieur jusqu'à le faire imploser. Il s'amuse à en faire un puzzle dont il modifie les pièces pour qu'elles ne s'emboîtent plus. C'est ainsi ! Il me revient donc le rôle de narratrice des événements marquants de sa vie de femme et de mère. Je lui raconte qu'elle a bien deux enfants : un garçon et une fille, le choix du roi ! Elle a bien travaillé! Je lui fais le détail de ce qu'elle m'a raconté de ses accouchements. Je me gratifie d'avoir été autant attentive... je ne me doutais pas que maman, elle-même, me donnerait des munitions pour désarmer ce maudit Lewy. Je lui remémore ce que sa chair a souffert et vécu. Ce premier accouchement, en avril 1952, jour des fiançailles de la sage-femme, qui avait pourtant alerté sur son indisponibilité ce jour là. Je lui rappelle qu'il a fallu lui faire des injections pour ralentir les contractions et pour les accélérer lorsque la sage-femme avait enfin décidé qu'il ne fallait plus tarder sous peine de grosses complications (et de gros soucis pour elle). Mon frère pesait 4 kg, il était beau et blond. Dès que maman a pu à nouveau se lever, elle est retournée travailler.

Le deuxième accouchement s'est déroulé au mois d'août 1957. Cette fois, la sage-femme n'avait ni fiançailles, ni mariage, rien qui puisse entraver ma venue au monde. Je suis arrivée tout simplement. Je faisais 3,8 kgs. Je n'étais pas très jolie avec mes cheveux très bruns et mes yeux en amande. Dès que maman a pu à nouveau se lever, elle est retournée travailler.

Voilà toute l'histoire. Rien de plus ! Et surtout pas de troisième enfant oublié derrière la porte. Ce sentiment lui vient peut-être de cette période, à l'aube de mes treize ans, où j'avais cru comprendre, au milieu d'une certaine agitation, après le passage du médecin, qu'il s'était passé quelque chose, et que ce quelque chose aurait pu être une possible grossesse avortée. Mais je n'en ai jamais eu la confirmation. C'est peut-être ce que maman exprime par la "voie " de Lewy.

Voilà tout le récit de sa vie. Il m'a fallu

le raconter souvent. Parfois il a fallu reprendre depuis le mariage avec papa en août 1950. Elle a semblé apprécier ma narration. Dans ces moments là, je n'étais plus vraiment moi, je cachais ce qu'il restait de la petite fille en moi qui réclamait sa maman, désarmée devant son absence. Je devenais juste une narratrice. Ma voix, mes mots et mon intonation la rassuraient. Elle était apaisée lorsque nous raccrochions.
Je savourais ma petite victoire sur Lewy.

C'est sûr, il ne m'aimait pas ! (Je lui rendais bien).

Chapitre 12

L'ACCIDENT NUMÉRO 2

Je suis à Bordeaux. Je m'offre de temps en temps une parenthèse de deux jours pour voir mes deux fils et.... faire les soldes et retrouver une sensation d'insouciance. Le matin du deuxième jour, armée de ma carte bleue je file lécher les vitrines. Ça fait du bien de ne penser à rien d'autre. Loupé ! 9h15, Karine appelle : "*elle est tombée*", "*oui elle a mal*", "*les pompiers sont là... On va aux urgences*". Elle avait de plus en plus de mal à se déplacer, on l'avait bien remarqué. Il lui devenait compliqué de gagner ses toilettes, pourtant proches, et les accidents étaient plus nombreux. Nous n'avons pas su si elle s'était cassé le fémur en tombant, ou si ce maudit os, déjà trop fragile l'avait faite tomber. La fameuse histoire de l'œuf ou de la poule... Bien sûr, je déjeune avec mes deux fils comme promis, maman est de toutes les façons prise en charge et ne sera opérée que le lendemain. Je prends le premier train et rentre à la maison. Le lendemain je suis à ses côtés à son retour de la salle d'opération. Elle dort. On oublie les patchs pour le moment, pas compatible avec l'anesthésie. On reprendra après, promis. Elle n'a pas tout compris cette fois. Où est-elle ? Et cette douleur sur le côté ? *"C'est à moi ? "* Et elle se débat. Sa voisine de chambre a du subir ses manifestations vocales nocturnes. C'est difficile à comprendre cette double peine : os cassés, neurones brisés... double pathologie. Comme si on gagnait deux fois au loto. Le gros lot encore ! Elle a été contrainte par sangle sur son siège. Elle voulait toujours marcher. "*Lève-toi et marche*" "*et pourquoi pas moi ?*" rétorque maman. Les patchs ont été à nouveau posés, façon de reprendre le cours de l'histoire. Ensuite il a fallu organiser le retour à la maison, adapter sa chambre à ce nouvel handicap, physique cette fois et organiser la sortie de l'hôpital :

- lit médicalisé (installé le mercredi à 9h pour une rentrée le même jour à 11h) : ok,
- table de soin : ok,
- consultation médecin traitant : ok,
- infirmière à domicile : ok,
- kinésithérapeute : ok,
- et surtout, dame de nuit : ok, car plus question de rester seule la nuit, finie la liberté.

Maman ne sait pas vraiment ce qu'il s'est passé et n'a aucune conscience du danger. Il faut donc redoubler de vigilance et la protéger malgré elle. Elle pourrait se lever et luxer cette nouvelle hanche toute fraîchement opérée. On ne sait pas tout, mais ça, nous le savons tous. Donc Angèle est venue grossir l'équipe de "soutien à maman", puis sont venues s'ajouter, Manon et Barbara. Toutes les trois douces et attentives. Elles sont restées jusqu'au bout celles-là et je ne les remercierai jamais assez pour leur patience et leur investissement. Les infirmières aussi, Nelly au début et Mylène ensuite, qui a tenu malgré la difficulté de la tâche. Un premier kinésithérapeute nous a lâché, comme ça, un jour là, un jour pas là... Un jour là ? Ben non ! Pas là (mais t'es où ? Pas là... Je crois qu'il a inspiré une chanson), Jeanne l'a remplacé au pied levé. On n'avait pas dit à maman que Jeanne était kiné, elle avait pris la corporation en grippe après le premier du genre. Et tout s'est très bien passé ensuite, Jeanne a joué le jeu et venait juste "marcher" avec maman. Karine, Lili, Manon, Angèle, Mylène, Jeanne et Barbara ont tenue et maintenue maman jusqu'au "plus possible". Elles ont résisté. Cherchant la meilleure façon de... le plus simple pour... "*À chaque problème, sa solution*" dit Lili. Et il a fallu en trouver des solutions. Maintenir maman au lit tout d'abord, ne plus allumer la télé pour tuer (ou tenter de tuer) les hallucinations, allumer la radio pour accompagner les moments de solitude, rapprocher le téléphone et tout un panel très varié et efficace. Maman a souffert de ce passage contraint. Je suis venue la voir un après-midi, elle était emmitouflée dans une couverture et allongée dans son fauteuil coquille, Karine l'avait "cocoonée", elle semblait dormir. Quand elle a ouvert les yeux, elle m'a dit : "*chut, je suis morte*". "*Mais non maman, pas encore*".

Chapitre 13

LA RÉSIGNATION

Maman marche !

Elle n'a jamais aimé l'inactivité et elle est restée volontaire tout au long de sa vie. Pas question de rester couchée ! Pas l'habitude ! Alors dès qu'elle a pu être soutenue et encadrée pour le faire, elle s'est levée et elle a marché. Du coup elle marche ! Si si, elle marche. Elle va et vient comme elle peut, mais elle marche ! La contre-visite du chirurgien a validé la guérison... sauf que, "*ah oui, tiens, la tête de l'os est un petit peu cassée, elle a du tomber*", "*tomber ? Vous voulez rire !* ". C'est sûr qu'elle est tombée. Elle a souvent voulu se lever et y parvenait. Elle se laissait glisser le long de son lit jusqu'à trouver l'espace lui permettant de s'en extirper malgré la contention… cette méchante ceinture qui l'empêchait de bouger et contre laquelle elle réclamait des ciseaux pour s'en délivrer. Nous l'avons maintenue jusqu'au plus supportable, pour sa sécurité et avec l'avis de son médecin. Mais je refusais de l'attacher plus longtemps. L'idée même m'était douloureuse. Donc maman marche et maman se déshabille... de nuit comme de jour. Quel obsédé ce Lewy ! Alors ça non! Je refuse. C'est une atteinte à sa dignité. Sa conscience, celle muselée par Lewy, n'aurait pas supporté cette désinvolture. Je cherche une solution... (Merci internet) pour déjouer le mauvais tour de ce mauvais esprit. Je trouve des combinaisons de nuit, des pyjamas une pièce avec une fermeture dans le dos et je trouve un équivalent de jour mais plus coquet... Maman va enfin porter des pantalons ! La nuit, elle est en combinaison de nuit, le jour en combinaison de jour. (Nuit, jour... tiens ça me rappelle quelque chose). À leurs premiers essayages, Lili les trouvait trop justes, plus tard, elle nageait dedans. Maman était plus sage à présent, les déshabillages intempestifs ont pris fin. Ouf ! Sa dignité était préservée. Une nouvelle épreuve est alors apparue : sa peau désormais refusait les patchs transdermiques, ceux dont mon frère et moi, surveillions la présence. Chaque pose et dépose la brûlait. Son dos était maculé de pastilles rouges plus douloureuses les unes que les autres. Elle en souffrait. La sanction est tombée, suivant l'avis médical de sa neurologue : on arrête les patchs... et on laisse libre cours à Lewy qui se frotte les mains. Son heure a sonnée, il sort la chaise longue et s'installe.

Il fallait que ça arrive.

Je sais que maintenant, on ne va plus se battre, on va accompagner.

Il faut davantage sécuriser le périmètre autorisé. Lewy est très curieux, il fouille partout, déménage, déambule. Du coup on interdit l'accès à l'escalier avec une barrière comme pour les petits, mais dès la première marche et en montant. La cuisine est fermée, la porte des toilettes aussi (maman avait tendance à en combler l'orifice, la nature a horreur du vide, c'est bien connu), la porte du garage qui donne accès sur la rue, et bien sûr tout ce qui permettait de sortir et de se mettre en danger. Nous étions tous vigilants, car Lewy a beaucoup d'imagination et n'est jamais à court. Au fur et à mesure, de casse en casse, on a adapté le lieu de vie. Maman ne s'ennuyait jamais. En raison de sa vue déformée, elle "installait" des objets partout; elle grattait sa table, les motifs des nappes, arrachait les rideaux, chiffonnait le papier, et déménageait son mobilier. Les dames devaient déjà remettre de l'ordre avant d'entrer dans le vif du sujet. Quelle patience !

Maman a commencé à gémir, voire à pleurer. Elle ne se reconnaît plus, elle se sent diminuée, elle pressent l'échéance. Elle appelle souvent sa maman. Elle me confond souvent avec. J'accepte. Il a fallu l'entourer davantage, multiplier les heures de présence auprès d'elle. Quel dévouement !

Chapitre 14

L'ACCIDENT NUMÉRO 3

En ce mois de juin 2016, maman est tombée, une fois de plus, une fois de trop. Karine m'a appelée : *"elle est tombée"*, *"elle n'a pas l'air d'avoir mal mais... elle saigne"*. Cette fois, c'est l'arcade sourcilière qui est touchée. Retour aux urgences. Elles ont dû laisser Lewy à la maison car maman est très lucide. *"On se trouve bête"* me dit-elle. Le médecin des urgences ne veut pas la laisser sortir, il veut tout contrôler... par téléphone je convaincs l'infirmière de la libérer... sauf si ils ont prévu un déménagement (maman et Lewy ont souvent des envies de bouger le mobilier). Je préviens. *"J'dis ça... j'dis rien."* Du coup Karine et maman rentrent à la maison pour le déjeuner. La plaie est nettoyée, collée, protégée. Ouf ! Les dames poussent les meubles et sécurisent la cheminée, source de danger. Protection hyper rapprochée ! Mais les toilettes sont de plus en plus compliquées. Lewy a horreur de l'eau ! Hélas on ne le chasse pas en l'arrosant. Pas d'exorcisme pour ce cas là, pas d'incantation. Il faut que maman soit placée en EHPAD. Ça me rend malade. J'ai l'impression de perdre la bataille et de livrer maman à Lewy, de baisser les bras. Je le ressens comme un échec personnel, moi qui pensais pouvoir contrôler la partie. Ce passage, que je sais inévitable, je le souhaitais le plus loin possible. Mais il faut se rendre à l'évidence. Il n'y a pas d'autre solution. Il faut faire taire la culpabilité qui s'installe insidieusement, contenir cette grande tristesse de se dire qu'il est fort possible que maman ne revienne plus dans sa maison une fois passé son seuil.

Il a donc fallu aller à la pêche d'une place. Se méfier du trop commercial, éviter ces EHPAD présentés comme des centres de vacances, par des dépliants illustrés avec des illustrations piochées dans une banque d'images trop lisses. On y trouve tout, salon de coiffure, salon de télévision, restaurant… Il faut repérer le plus adapté. Celui dans lequel maman pourra s'exprimer, trouver sa place et être entourée de bienveillance et d'empathie. Un établissement, géré par une fondation, m'a contactée, par l'inter-médiaire de Christelle sa référente. Spécialisé dans les maladies d'alzheimer et apparentées, il offre un accompagnement adapté à chaque cas. Au milieu des pins, et avec vue sur mer ou sur forêt, il est pourvu d'un très long couloir sécurisé où les résidents peuvent déambuler en toute sécurité. Les chambres très vastes ouvrent sur une terrasse privative. Ils n'auront une place qu'avant l'hiver seulement, ils me l'assurent. Je garde l'option. J'inscris maman sur la liste d'attente. En attendant, elle est installée dans l'unité protégée d'une résidence clé en main, une de celle où on vous promet des animations comme au club Med (celles des dépliants). Bizarre, ils ne nous pas donné de collier à boules à l'entrée et je n'ai pas vu le bar à cocktail. J'ai eu beaucoup de mal à m'y faire. Dans cette unité fermée, tous les symptômes des résidents sont mélangés. Chacun semble y perdre son identité. Les toilettes sont vite faites et les animations sont réduites. Les soignants ne manquent pas de compétence et de motivation, mais de temps. Et le résultat peut sembler cruels pour eux et pour les familles des résidents. Je ne suis pas sûre que maman y soit parfaitement intégrée. Mais en attendant elle est en sécurité. C'est déjà ça. Maman peut se lever quand elle veut, manger quand elle veut. Je lui rends visite dès que je peux. Elle est toujours heureuse de me voir et me reconnaît parfaitement. Elle est capable de me dire que tout le monde est très gentil et je pars rassurée. J'ai l'impression que dans ces moments là, comme dans une parenthèse de lucidité, elle sait, et qu'elle ne veut pas m'inquiéter.

Chapitre 15

LA MÉTAMORPHOSE

Son entrée en EHPAD l'a choquée. «*Je ne comprends pas ce qu'il se passe et j'en suis malade*" m'a-t'elle dit au téléphone. Je sais bien. J'ai les mêmes effets en miroir, sauf que moi, je comprends.

Alors, elle s'est amaigrie.

Maman a toujours été ronde. À mon mariage, en 1982, elle devait avoisiner les 80 kg. Cela contrariait ses envies de coquetterie. Ses bras, trop lourds, avaient bien du mal à se glisser dans les manches des corsages. 52 ans, taille 52... pourvu que la courbe s'incline. Elle mangeait peu pourtant mais faisait beaucoup de surplace à l'époque entre les quatre murs de son magasin. Geneviève P., désignée vainqueur du zéro mètre en piétinement ! Elle persistait à soigner son cholestérol par homéopathie jusqu'à ce que je me fâche ! Bousculée, elle a enfin accepté de consulter un endocrinologue. Son poids était incohérent et son homéopathe semblait impuissant à le contrôler... Le diagnostic est tombé : hypothyroïdie Hashimoto. Encore un inconnu, à qui on a rien demandé et qui s'infiltre dans sa vie sans y être invité. Ça devient pénible ! Ce spécialiste l'a écoutée, auscultée, regardée sous toutes les coutures, pesée et soignée. Enfin ! Elle a commencé à maigrir. Son poids de croisière s'est stabilisé à 67 kg, pour 1,63 m, c'était plus correct. Sa thyroïde était sous contrôle et maintenant ce serait à vie. Pas grave, il y a pire... On en était toujours là ce fameux 9 octobre 2010. Après, elle a fondue. Elle a commencé par les 5 premiers kg en 2 mois puis la tendance se voulait à la baisse jusqu'à l'arrivée de Sophie. Elle a maintenu la distance bon gré, mal gré par la suite. La pesée se faisait tous les 6 mois chez la neurologue. Cette dernière la faisait marcher pour contrôler la rigidité des membres (Parkinson quand tu nous tiens !). Il faut dire que maman se courbait. Les séances de kiné prescrites devaient contrarier ce méchant penchant devenu naturel. "*Levez les pieds, madame P., tenez vous droite*". Cela n'a pas évité une chute pendant une promenade, pourtant sous contrôle de Karine. Elle a trébuché, et Karine qui la tenait par le bras, n'a pas pu la retenir. Ce sont les pompiers qui l'ont relevée, ceux-là même qui étaient venus dans sa salle de bains après son malaise, évanouie, la tête dans la baignoire, il y a quelques années. C'était déjà peut être un premier mauvais tour de Lewy. Un malaise assez sérieux pour que papa appelle les pompiers mais ne permettant pas d'identifier un début de trouble neuro-logique. Cette fois, rien de cassé, seulement les lunettes de vue et des bleus. Nous voilà rassurés !

Au fil du temps, la courbure s'est accentuée, comme si elle portait Lewy sur ses épaules, et son poids s'est amenuisé. Tant qu'elle était chez elle, elle était dorlotée par son entourage féminin, à ses petits soins. Petits plats, goûters copieux, repas du soir complets, crème fraîche, fruits de saison, chocolats, bonbons sans compter le traditionnel petit gâteau à chacune de mes visites avec réserve pour le lendemain.

Depuis son entrée en EHPAD, elle s'est encore amaigrie. C'est sa façon montrer sa désapprobation d'être enfermée dans cette unité, ne pouvant l'exprimer avec des mots. C'est sa façon de m'alerter. Je le comprends bien, et je ne peux m'empêcher de culpabiliser. J'ai juste hâte de fuir l'établissement et de libérer maman. Chaque visite me confirme qu'elle n'y est pas à sa place. C'est ce que je redoutais. Elle doit à présent peser dans les 42 kg... C'est impressionnant de sentir les os de maman quand je la soutiens. Elle marche très mal, mais elle avance toujours à son rythme. Sa vue déformée transforme la réalité de son environnement. Les objets ne sont plus vraiment comme ils sont, les matières non plus, idem pour l'espace. Alors elle panique un peu et pleure souvent. Une partie d'elle se rend compte... L'autre s'arrange avec la réalité. C'est sûrement cette dualité qui empêche son cerveau de compenser. Elle a cependant conservé certaines de ses facultés : elle connaît ses tables de multiplications par cœur et épelle les mots sans faute. Petits outils de valorisation, dont chacun et chacune s'est permis d'abuser. Et un peu comme on le ferait pour une enfant, on l'a souvent mise au défit de réciter ses tables. "*Allez Geneviève, dis-nous combien ça fait 7x8...*" , "*56*", "*c'est bien, maintenant, tu vas nous épeler 56*"...

Épilogue
première partie

La maladie à corps de Lewy, ou apparentée, est une maladie injuste. Elle est cruelle à l'image de toutes les maladies incurables. Mais il faut vivre avec. La première phase, après l'annonce, est une phase de résistance. Au fil du temps, on apprend qu'elle est invincible. La phase suivante, est celle de l'acceptation. Alors on accompagne. Chaque malade est différent, malgré les symptômes communs. Chaque malade a droit à une attention particulière, chaque malade conserve encore un peu de son identité qu'il faut préserver et solliciter. Il faut cultiver les ressources internes. La maladie oblige à conjuguer avec elle, au passé, au présent et hélas au futur. En tant qu'aidants, nous avons en nous d'extraordinaires facultés d'adaptation. Seulement, parfois le trouble devient trop fort et l'environnement s'épuise. Maman a eu la chance de pouvoir s'offrir la possibilité de rester chez elle jusqu'à ce qu'il devienne nécessaire de la préserver physiquement. Elle a fini par se mettre en danger.

Il faudra un jour guérir ces maladies et fermer pour toujours les unités protégées des EHPAD. Notre société doit permette aux personnes âgées, les futurs "nous", de rester chez elles, visitées, protégées, entourées. Mais nous n'en sommes pas là. Avant, il faudra tuer Lewy, Alzheimer, Parkinson et sûrement d'autres inconnus qui, un jour, sortiront de l'anonymat pour apparaître dans la lumière et nous tracasser.

En ce qui me concerne, j'ai eu la chance d'être très entourée et accompagnée. Ma famille très proche, mes amis, très fidèles, ont toujours été là. Il faut dire que j'ai partagé et que je les ai impliqués, certains plus que d'autres. Pas de souffrance sans bruit chez moi. J'ai été, entendue, écoutée et comprise. Certains dialoguaient, d'autres s'employaient à nous changer les idées, mais aucun ne s'est détourné. Certaines dames de maman continuent à lui rendre visite à sa nouvelle adresse, Karine, Lili, Manon sont toujours là, présentes et attentives. Elles préservent le lien, adoucissent le passage entre les deux mondes de maman et me sont d'un grand soutien. C'est aussi par maman que j'ai agrandi mon cercle d'amies, que ce soit au magasin ou chez elle. J'ai conservé et préservé ces amitiés précieuses. Elles sont autant de traits d'union entre maman et moi. La vie continue... Je vais encore prendre soin de ma petite maman, je serai à l'écoute de ses moindres envies qu'il me faudra décrypter. J'ai le code. Je veille et veillerai.

L'aventure n'est pas terminée, une page s'est seulement tournée. Il y aura encore des bons moments... ailleurs.

Allez Geneviève, épelle-nous "à suivre".

Deuxième partie

RENDRE POSSIBLE
L'IMPOSSIBLE
ET FAIRE DE CE POISON
UN ÉLIXIR

2016 - 2017

Chapitre 1

LA DÉCOUVERTE

Le 12 août, Christelle a appelé. Je suis à mon travail. Je prends l'appel, j'écoute, je comprends, j'absorbe la nouvelle que sa voix enjouée et rassurante chante à mon oreille. Une place dans son établissement va se libérer. Maman va pouvoir entrer dans ce lieu de vie tant convoité. Pas tout de suite, il faut d'abord rénover la chambre... un petit mois devrait suffire, m'assure t-elle. Je prends la vague. Si maman doit déménager, c'est maintenant. J'ai peur que le temps qui avance s'oppose à mon souhait et à ma conviction intuitive que sa vie n'est pas dans cet espace formaté qu'elle a intégré depuis ce 28 juin. Ça y est, je réserve la chambre et c'est mon dernier mot Jean-Pierre. Il va falloir prendre mon courage à deux mains, composer le numéro de téléphone du directeur de l'EHPAD et annoncer la nouvelle. C'est ce que je fais rapidement, pas la peine d'attendre. On conclut le départ de maman comme une transaction financière. Cela fait moins de 4 mois de présence, donc, le tarif passe de définitif à temporaire sur l'ensemble du séjour. Le mois de préavis ne sera pas complet, il y aura donc des pénalités qui courront jusqu'au dernier jour légal. C'est ainsi. J'ai signé. Le dépôt de garantie sera amputé des frais énoncés page 4, alinéa 23 complétés de ceux prévus page 8, alinéa 5. C'est tout simple. J'accepte tout, je ne discute pas, je veux juste partir.

Nous avions déjà prévu de participer

au barbecue organisé à sa nouvelle adresse, le 5 septembre, une occasion festive et conviviale, de découvrir en famille le nouveau lieu de vie de maman. Karine nous accompagnera. C'est bien.

Ce 5 septembre, je vais chercher maman. J'avais prévenu que je serai là à 11h, enthousiaste. Mais maman a passé une mauvaise nuit. Quand j'arrive, elle est couchée, emmitouflée dans son dessus de lit et enveloppée dans une chaude pénombre. À son côté un résident lui caresse le bras. Il est gentil ce monsieur. Il a souvent fait irruption dans sa chambre lorsque je rendais visite à maman. Il racontait sauter régulièrement du toit, pour rebondir parfois sur la toiture en face. Il est très fort et surtout très heureux que je le croie et que je m'intéresse à sa perfor-mance. Du coup, calmé, il se pose sur le lit, un sourire sur les lèvres. Mais cette fois, nous devons prendre congé. Il faut sortir de la chambre et laisser les dames faire la toilette de maman. Aujourd'hui, nous nous enfuyons au-delà des toits.

Je fais les bagages, récupère les cadres, les vêtements que je devrai laver. Ils me sont rendus dans un sac plastique. Je ne m'en offusque pas. Les portes s'ouvrent enfin... l'air sent la liberté. Nous laissons derrière nous l'unité si protégée, les résidents dans leur manège à leurs inlassables tours, Tristan, Marie-Laure, et d'autres dont je n'ai pas retenu les prénoms mais qui ont éclairé le séjour de maman. Ils étaient tous si compétents mais si débordés. Ils vont continuer sans nous. Je les gratifie de douceurs achetées chez le confiseur. Ils étaient toujours de bonne humeur malgré l'ampleur de la tâche.

Chapitre 2

L'ÉVASION

Nous changeons de résidence.

Maman s'amuse de son voyage en voiture, nous racontant qu'elle ne conduit plus... ce n'est plus de son âge. Que répondre ?! Nous décidons seulement d'acquiescer.

La veille nous sommes venus avec mon mari, installer la chambre de son nouveau lieu de résidence. Nous la découvrons. Elle est vaste, lumineuse, sa baie vitrée s'ouvre sur une terrasse agrémentée d'une table et de deux chaises de jardin. La vue donne sur la forêt, l'ouïe capte le doux bruissement des vagues de la mer si proche. On y est bien, on s'y sent bien. Nous avons installé quelques-uns des meubles de sa maison, accroché les tableaux de sa salle à manger et rempli son armoire. Infirmières, aides médico psychologiques, l'aide en soins géronto-logiques, une infirmière et des aides soignantes viennent nous saluer et se présenter. Je repars sûre de mon choix.

Ce 5 septembre la fête bat son plein à l'EHPAD. Les messieurs sont au barbecue, les dames aux salades. Les tables sont dressées, les pensionnaires autour. Il règne une ambiance légère et insouciante. Nous nous installons à nos places réservées comme au restaurant. Tout le monde participe à l'événement. Les moins mobiles comme les plus actifs. Une première tournée de pétillant nous invite à débuter officiellement les hostilités. Ensuite chacun se rend au buffet pour commencer le repas. Maman semble à l'aise. Sortie de sa torpeur deux petites heures auparavant elle profite de ce déjeuner en famille. Il fait chaud, le soleil perce les pins, des chapeaux sont distribués pour protéger tous les convives. La résine des pins goutte sur nos tables et nos vêtements, semblant vouloir nous fixer à nos chaises.

Nous sommes bien là.

Les soignants et le personnel administratif arborent des couleurs chatoyantes. Nous évoluons dans une atmosphère tsigane. En fin de repas, les musiciens s'installent pour faire danser tout ce petit monde. Et la fête continue... on oublie les troubles neurologiques, ceux décrits dans les livres et les revues d'experts. Les couples sur l'estrade n'ont rien à envier à ceux que l'on rencontre dans les thés dansants traditionnels des retraités bien sous tout rapport. Une des résidentes sans doute la plus jeune et jolie est hypnotisée par la musique et elle danse. Rien ne trahit son trouble. Un vrai défi à la maladie. D'ailleurs c'est le mot d'ordre là-bas. Il n'y a pas de morosité, pas de mauvaise humeur, juste une vie qui continue. C'est comme chez un célèbre Fast food dont le slogan est : "*venez comme vous êtes*". Quelle belle illustration !

Chapitre 3

L'INSTALLATION

Les jours qui suivent, maman donne le change. Elle est polie, discute comme elle peut, ils sont tous si accueillants autour d'elle. Elle ne porte plus de combinaison de jour et a retrouvé sa garde-robe. Elle mange bien, elle dort bien, elle marche aux bras des aides-soignantes, elle profite semble-t'il. Elle est plus calme, apaisée. J'appelle régulièrement, je m'y rends tous les mercredis après-midis et chaque fois que je peux. Je passe la porte sans appréhension et suis accueillie par le sourire de Christelle. Je me sens déjà presque chez moi. Je m'intègre dans ce lieu de vie, salue chaque rencontre même si elle me semble absente... Un long couloir me conduit à maman. Il borde les chambres et longe le parc visible à travers de grandes baies vitrées. Il est ponctué d'alcôves garnies de tables, de chaises, de fauteuils et d'espaces pour se restaurer. Les portes vers le jardin sont ouvertes et chacun peut aller et venir à sa guise. Il n'y a pas de danger, tout le périmètre est sécurisé sans qu'une quelconque contrainte soit ressentie. Alors que j'arpente le couloir, je fais la connaissance des habitants, comme Mme L. au caractère bien trempé. Elle peine à s'exprimer mais persiste à le faire. Je m'arrête parfois pour l'écouter, je lui souris, cela semble l'adoucir. Je marche à ses côtés. J'adhère à ses propos. De notoriété, il est capital de ne pas la contrarier. Elle me lâche au premier petit salon, pour raconter qu'elle a bien raison, et qu'elle n'est pas seule à revendiquer. Il est difficile à imaginer que cette petite dame, si penchée, qui se promène son sac sous le bras, à l'élocution si saccadée fut autrefois, une artiste renommée. Son image sur Google la présente lors d'une de ses expositions, droite, souriante, bien coiffée, dans le monde. Mais que s'est-il passé ? Quand cela a-t'il commencé ? À quel moment sa vie a-t'elle basculée ? C'est le seul élément partagé entre tous les pensionnaires, un genre de dénominateur commun : un jour ils sont entré dans une sorte de quatrième dimension, sans passeport, sans avertir les proches aimants. Un jour les interrogations ont pris le dessus et les coups de massues ont été distribués au hasard, sans cohérence. *"Pourquoi moi ? J'aurais mieux fait de jouer au loto !"*

Chapitre 4

LES RÉSIDENTS

M.R. marche sans relâche. Qui sait son activité dans l'autre monde, le mien, le nôtre... pour l'instant. Dans sa combinaison de jour, témoin sans doute d'exhibitionnisme ancien (ou récent), vaillant, droit et rapide, il est pareil au lapin pressé d'Alice au pays des merveilles. Il ne parle pas. Il marche et il mâche... ce qu'il trouve. Il chaparde, chipe et engloutit tout et n'importe quoi. C'est sûrement sa façon à lui d'exprimer ses angoisses. De la banane entière, peau et fruit compris, aux petits objets improbables, tout l'attire. C'est sous le nez des assistantes de vie et autres professionnelles (ls) très attentifs qu'il affiche ses trouvailles "gastronomiques". Un peu comme si il voulait leur dire : *"il est bon ce papier, ces feuilles d'automne aussi... ça vous tente ? "* Non, cela ne les séduit pas et elles (ils) le manifestent... " *mais non M. R., ça ne se mange pas les feuilles d'arbres, et donnez-moi la banane, vous allez voir, c'est bien meilleur sans la peau"*. Ces simples consignes se font dans la douceur, l'implication et le partage. Peut-être que cet échange lui convient à M. R. Je l'ai vu attraper une madeleine destinée à une autre résidente, avec rapidité, dextérité et accélérer le pas pour qu'on ne le rattrape pas... c'est son truc à lui de chaparder, de rentrer dans les rares chambres laissées ouvertes et de se servir, après tout, c'est sa façon à lui de communiquer. Il faut juste être averti, il a droit, lui aussi, de venir comme il est, avec les travers incontrôlables d'un trouble difficile à maîtriser.

Mme M. et Mme B. quant à elles, semblent liées, elles se promènent bras dessus, bras dessous ou main dans la main, tout le long du couloir. Leurs conversations qui paraissent naturelles, le sont moins lorsque que l'on tend l'oreille : *"tu dors avec moi ce soir ?* " demande l'une, "bien sûr" répond l'autre. Jusque là pas de problème ! "*Mais je dois prendre le train sauf qu'il y a toujours des grèves...*". Et là, ça se gâte ! De visiteuses, en apparence, elles passent d'un coup à résidentes assurément. L'infirmier ne semble pas surpris... et resserre le cadre : "*vous restez avec nous, vous le savez...*". Apparemment elles ne paraissent pas au courant et découvrent leurs chambres chaque fois avec bonheur. Il n'y a pas de cris, pas de pleurs, pas de rébellion, juste une bonne humeur et une découverte enjouée du quotidien.

J'ai entendu dire qu'une ancienne résidente attendait obstinément le RER postée sur les allées du jardin. L'été, cela lui était concédé mais aux premières fraîcheurs de l'automne, le RER a été victime d'une série de "grèves" en cascades. Il faut entrer dans chaque monde et y participer avec diplomatie, douceur et compassion. Au départ de la révélation du trouble qui s'installe, il est encore possible de réajuster le tir, de rattraper la dérive et de la caler dans "la" réalité, qui évolue vers "une" réalité, charnière entre la nôtre et la leur. Mais lorsque tout devient douleur car confrontation, il est urgent de trouver la clé pour pénétrer dans un monde propre à chacun.

Chapitre 5

LES PETITES ATTENTIONS

Bon, ça ne va pas... décidément, ces cheveux, ça ne va vraiment pas. Il faut intervenir d'urgence. Maman ne supportera plus les mains et les attentions d'un coiffeur ou d'une coiffeuse. Je vais donc devoir me débrouiller seule, et passer un semblant de CAP expert tifs ! Cela ne va pas être simple. Son médecin de ville a changé son somnifère et les effets apparaissent particulièrement néfastes. Depuis quelques jours, maman ne dort plus couchée. Elle refuse la position allongée et penche sa tête en avant. Elle est triste et le fait savoir. Ses pieds sont rouges, engorgés d'un sang qui ne circule plus d'être dans un circuit constamment vertical. Le médecin coordonnateur, en concertation avec son médecin traitant, a alors décidé d'arrêter ce traitement. Celui-là devait la faire dormir mais de toute évidence l'objectif n'est pas atteint. Autant tout supprimer, contrôler et accompagner. Après l'arrêt total et violent de ce maudit médicament, maman s'est réveillée. Elle est redevenue agréable et les dames se réjouissent de ce résultat. J'espère seulement que cette prescription n'a pas endommagé son cœur déjà si fatigué. Je ne peux pas m'empêcher de m'inquiéter des conséquences de cet épisode et m'apaise en constatant l'attention et la surveillance dont elle bénéficie. Alors j'en suis là, à vouloir embellir ma petite maman si fatiguée, dont les racines enneigées tentent l'invasion. Le salon de coiffure est à ma disposition, quelle aubaine ! Le personnel est attentif à mes moindres demandes. Je suis au pays des fées. Les dames comblent mes besoins et se rendent complices de chacun de mes souhaits. Aussi, l'une m'ouvre la porte, me fait l'inventaire du matériel du salon de coiffure, me diffuse l'astuce pour ne pas nous salir... et pour ce faire rien ne vaut les protections intimes destinées aux résidents. Ce qui serait impensable dans un salon traditionnel, prend ici des allures providentielles !

Outre les plaisirs esthétiques, il n'est pas rare de sentir une bonne odeur de gâteau dans les couloirs de l'établissement. Tout est fait pour réveiller les papilles et l'odorat avec des pâtisseries et autres confitures confectionnées souvent collectivement. La vue est également sollicitée à travers les décorations, imaginées et réalisées par l'ensemble du personnel et quelques résidents. Ici, on partage et on participe chacun à son rythme. Les plus valides peuvent jardiner et les moins assister à l'agitation ambiante.

C'est la vie qui s'exprime et il n'y a pas d'autre but.

Chapitre 6

LA MAUVAISE SURPRISE

Ce n'est pas Lewy qui a soufflé sur maman pour l'éteindre. Je ne lui accorde pas ce pouvoir. Je crois qu'elle s'est lassée de cette vie devenue si difficile pour elle. Je la trouvais fatiguée, je lui disais. Elle me répondait *"on peut dire ça comme ça"*. À chaque visite, je la raccrochais un peu. Elle ne refusait jamais une gourmandise que j'apportais, ni le plateau goûter qui suivait. Les plaisirs de la bouche étaient les seuls dérivatifs à cette vie compliquée. Les échanges verbaux étaient réduits et c'est moi qui occupait l'espace sonore à lui raconter les évènements de ma vie. Cependant, une fois, à ma question "*tu l'aimes ta fille ?* ", elle a su me répondre "*ah ben si je l'aimais pas ma fille !* " avec une étonnante lucidité. Ce fut son dernier cadeau que je garde précieusement. À chacun de mes départs, je lui promettais de revenir bien vite. "*À bientôt*" me disait-elle. Mais depuis ce 1er de l'an, chaque matin, j'appréhendais d'allumer mon téléphone, de peur d'avoir un message me disant "*pouvez-vous rappeler l'EHPAD ?*"... et c'est arrivé un jeudi après-midi, une semaine de trop plein de travail ayant empêchée ma visite du mercredi. Ce fameux jeudi, il est 14h15 lorsque je téléphone. J'attends toujours le début d'après-midi pour appeler afin de ne pas perturber le travail des aides-soignantes. La personne qui me répond me dit que ce midi, maman n'a pas voulu déjeuner, et qu'elle se repose dans son fauteuil confort. Elle est près d'elle, me dit que maman dort profondément, si profondément que notre conversation ne la dérange pas. Elle respire doucement. Je l'avertie que je viendrai samedi après-midi. Elle me répond qu'elle va bien la prévenir que "*Marie va venir*" et que c'est important de le dire. Nous nous saluons. Nous raccrochons. Rassurée, je me remets à mon labeur. 20 minutes plus tard, l'infirmière m'appelle "*Vous êtes au travail ?*" "*Oui, mais je m'éloigne de mes collègues*" elle reprend "*ça m'ennuie de vous dire cela comme ça, mais voilà, votre maman est décédée*". Alors, le monde s'écroule, s'ouvre, m'engouffre.

Je n'ai pas attendu l'autorisation de quitter mon travail... je suis partie. Je retrouve mon mari... besoin de bouée pour ne pas me noyer. Il faut que je prévienne mon frère. Je n'imagine pas le drame qui se joue chez lui.

Sa femme est entrée ce même jour à l'hôpital, victime d'une maladie grave, très grave... coïncidence dramatique. Il va falloir que j'affronte la situation seule, soutenue heureusement par mon mari et mes amis. Le lendemain, il a fallu visiter les pompes-funèbres, choisir, décider, organiser. Le cercueil, le capitonnage, l'urne... je fais au mieux. Tout est tellement violent. Nous retournons à la maison de retraite pour "vider" la chambre. Nous arrivons devant la porte. Une musique joyeuse s'échappe de l'entrée. Elle nous capte et nous attire. De loin nous apercevons Christelle, qui derrière son comptoir, lève les bras et semble jouer des castagnettes, et c'est par un "et viva Espana" tonitruant que nous sommes accueillis. Mlle D. a une fleur dans les cheveux et Mme L. le sourire aux lèvres. Des résidents sont assis autour de la table basse pour attendre le thé, tout sourire".

Michel Sardou entame "le rire du sergent".
Quel bonheur ! La vie continue.

Chapitre 7

LE DÉPART

Bien sûr, tout le monde a été surpris par le départ de maman. Christelle se déplace et m'entoure de ses bras chaleureux comme pour tenter de m'apporter un peu de force et de douceur à la fois. Le personnel qui passe s'arrête, compatit et tente de me réconforter. Notre seule "consolation partagée" est que maman est partie dans le sommeil de sa sieste. Elle s'est éteinte doucement, entourée. Qu'a t-elle vu au moment de son passage ? Il est coutume de dire qu'on revit sa vie dans ces instants là, mais quand le cerveau ne retenait rien du présent et ne se souvenait plus du passé... que voit-on ? L'inconscient rejoint-il la conscience ? J'espère juste qu'elle a ressenti un bien-être, suivi la lumière blanche et qu'elle a rejoint ceux qu'elle aimait avec les yeux de son âme.

Je rejoins Laurent, chambre 52. Il est déjà en train de démonter les meubles. Drôle de sensation d'être là sans maman. Je laisse le laurier fleur, le fauteuil confort, les vêtements de maman... quand je quitte la chambre définitivement, je croise Mumu, qui, un masque devant le nez traque les premiers signes de grippe à coup de revolver thermomètre. L'épidémie menace et ce n'est pas permis. Nous parlons un peu du départ de maman, de cette si désagréable surprise, et me souhaite beaucoup de courage. Et il va m'en falloir. J'en glane tous les vœux, pour m'en faire une provision. En partant, je passe devant une des chambres ouvertes, j'aperçois M. R et Mme M. face à un lit, lui a un livre sans couverture sous le bras. Ils ont l'air de déposer des petits tas de papier et ressortent. Lui n'a plus que quelques feuilles du livre dans les mains, Mme M. a récupéré le reste. Ils sont comme des enfants incorrigibles, et j'ai de la peine à les quitter. Je reviendrai les voir.

Maman est restée 4 mois et demi dans son établissement. Elle est partie dignement, sans souffrir, apaisée. Nous l'avons accompagnée à l'église Notre-Dame-des-Anges, entourée des siens et de fleurs rouges et blanches. J'ai réussi à lire le texte d'accueil, en apnée, en m'interdisant la vision de son cercueil juste devant moi. Maintenant, il va falloir vivre sans... combler son vide. Reprendre le cours de la vie, d'une vie, sans Lewy.

Chaque petite flamme qui s'éteint n'achève pas ce maudit trublion, il laisse toujours un peu de braise pour s'allumer à nouveau...

Épilogue
deuxième partie

Ce passage, ailleurs, a été riche en soutien, en réconfort et en partage. Il existe donc des lieux où il est permis aux gens différents de vivre différemment ! Dans notre monde formaté, tous nos codes sont identifiés, mais dans le leur, tout est à écrire. La rédaction s'alimentera des observations, des expériences, des tentatives fructueuses ou non. Elle sera nourrie par une réelle volonté, humaine et empathique, une démarche admirable et bienveillante, et tellement rassurante et réconfortante pour le futur. Il existe des méthodes, venues d'ici ou d'ailleurs, les troubles neurologiques ne connaissent pas de frontière. Elles se conjuguent avec les progrès de la recherche et illuminent l'avenir. Maman a bénéficié d'un accompagnement adapté d'aucuns, plus tard, profiteront des nouvelles trouvailles scientifiques. Mais rien ne se fera sans les deux, sans l'investissement de ceux qui accompagnent avec tant de dévotion et d'écoute.

Notre histoire a pris fin le 24 janvier 2017, dans une petite église avec ces mots :

"*Ma petite maman, tu es née le 2 novembre 1929, dans un berceau tourangeau, à Genillé, et tu as passé une partie de ta jeunesse à Loches, au pays d'Agnès Sorel non loin de la cité royale. En 1940, avec la naissance des jumeaux, la famille comptait 7 enfants, 5 filles et 2 garçons, tes frères et sœurs. Ton certificat d'études obtenu, tu es entrée dans la vie active comme vendeuse* en pâtisserie, à Loches d'abord et ensuite à Angers. Là tu as rencontré Louis, beau jeune homme aux yeux bruns. Vous formiez un couple digne des vedettes du grand écran des films de l'époque. Après les fiançailles d'usage, vous vous êtes mariés. Les photos prises ce jour d'été 1950 montrent un mariage princier. Tu étais si belle et vous étiez si beaux. Dès lors votre destin s'est soudé l'un à l'autre. En 1952, Jean, votre premier enfant est né, vous comblant de bonheur. Vous avez alors décidé de vous lancer dans l'aventure en achetant votre première affaire à Baugé, pays du roi René en Anjou. La vie était trépidante d'activité. Cela ne t'a pas empêchée de mettre au monde votre deuxième enfant, Marie. Tu as toujours été vaillante et courageuse et tu es retournée à ta boutique dès que tes jambes t'ont à nouveau portée. Après une dizaine d'années de bonheur angevin, ponctué de voyages l'été en famille, vous avez pris la décision de changer d'horizon. Votre choix s'est porté sur Royan. C'est là que vous vous êtes implantés vraiment. Vous nous avez offert une vie entre le soleil et la mer pour compenser la fin des voyages estivaux, travail saisonnier oblige. Maman tu as été plus que parfaite dans ton rôle de commerçante. Tu étais passionnée. La dernière année d'activité, ton premier petit-fils Sébastien est né, du mariage de Marie avec Laurent. Ensuite est venu Jules au foyer de Jean et de son épouse Marie-Anne. La série a continué avec l'arrivée de Yann, frère de Sébastien et de Mathis et Lorent frères de Jules. Que des petits-fils ! Il a fallu oublier les envies de petites robes et de frivolités. Égoïstement je t'ai gardée pour moi. Avec papa vous vous êtes installés dans votre maison neuve pour une retraite méritée. C'est là qu'il est parti subitement un matin d'octobre sans crier gare. Cela fait déjà 6 ans. 6 années pendant lesquelles il a *fallu lutter quotidiennement contre cette maladie invisible en apparence mais si pernicieuse par les sillons qu'elle a creusé au plus profond de toi. Contre toi. Tes derniers mois, tes derniers jours, tu les as passés dans une autre maison ; il a fallu te protéger. Chez toi, tu étais pourtant bien, entourée par des dames si dévouées, qui ont tant donné et qui t'ont tant apporté. Mais il a fallu se résoudre à davantage de présence, ailleurs. Ici et là-bas, nous t'avons tous accompagnée, aidée, aimée, mais nous n'avons pas pu te retenir. Tu es partie rejoindre papa, je suis sûre qu'il t'attend impatiemment. Vous serez à nouveau réunis. Nous, nous te gardons, nous vous gardons, dans nos cœurs et nos pensées à jamais."*

Ta fille

Table des matières

Dans cet essai, seul Lewy a gardé son nom.